ÅNDENS TRANSMISSIONER

EN LILLE BOG OM TAKNEMMELIGHEDENS GESTUS

Kim Gørtz

© 2020 Gørtz, Kim, Sagaro Recordings & Publishing
Forlag: BoD – Books on Demand, København, Danmark
Tryk: BoD – Books on Demand, Norderstedt, Tyskland
ISBN: 9788743027867

Tobias Tullius

Et hastigt forord

Ja, for hvad var det, eller hvad er det nu, man skal skrive en bog om, og hvorfor skulle eller skal man egentlig gøre det? Hvad er kaldet, hvad er grunden? Salget, indholdet, lidt af hvert, hensynet til læseren, fagligheden, sagligheden, sageligheden, læserens gunst, egen-interessen, selvdyrkelsen, alt muligt, bare se hvad der sker, eller endnu et forsøg på at holde kedsomheden, og ensomheden, stangen?

Og klart ville det være, og er, nærliggende, at udtrykke sin dybe taknemmelighed over at være her, bare i live, hele den straf, synd, og dybe eksistentielle smerte, ved bare at være her, hele denne trivsel, og vedkommende affære, som kan kaldes for tilværelsen; eksistensens menneskelige livslinje. Lige dér, hvor vi er, du er, jeg, lige nu og her; øjeblikkets usandsynlige tidsrum og ufattelige spektrum. Vi ved det, vi ved, at vi er her, og kan håbe på, gisne om, være ligeglad med, og måske endda virkelig vide; visheden, hvad det hele drejer sig om, eller blot lidt heraf, en mindre flig, eller bare nyde og opleve alt, hvad end der sker, i dyb, lyksagelig uvidenhed. Eller begge dele; det hele.

Så hvad skulle man skrive om, når nu man ikke kan lade være, hvad ville, vil, være oplagt? Sikkert en del, og hvordan skulle, eller skal dette mon skrives; igen bare sådan lige, eller netop ikke lige snorlige, ud ad landevejen, sådan mere snirklende, med nødvendighed, via impulser, umiddelbarhed, pudsige indfald og fritsvævende associationer og milevidt lange ekskurser, endog i en sådan grad, at man helt kunne miste fornemmelsen af en art rød tråd, mening, fokus, formål, og alt hvad vores nok så skønne kultiverede rationalitet vil kræve, forvente, og konstant søge efter. Sindets substantielle interesse; at vide, hvad det er, der egentlig foregår...

En kvik introducerende serenade

Således ville, eller vil, fx drømmelivet være oplagt af nedfælde nogle noter og tanker omkring, i det hele taget at fælde nogle tårer over, om og i disse liv i drømme og disse drømme i livet, nervøse, stille snakkende, serielle, *ferielle*, tilfældige, lemfældige, hm, denne livsførelse, hele ledelsen og ikke mindst lidelsen omkring, hvordan man kommer i gang med at leve livet, sit liv vel-sagtens og selv-*sagtens*, og formår at fortsætte hermed; spiritualiteten i filosofiske forklædninger, denne livsmestring, som vedrører at finde livet, strømmen, inspirationen og kreativiteten, energeia, chi, prana, den boblende glæde, den rolige lykke og de periodiske glade stunder og episoder, om at være i livet, i live, magtviljen, at leve livet, mestringen, styrken og svækkelserne, kraft-begreberne, *ups and downs*, søgangen, søgningen, rutcheturene... og man kunne blive ved ... lige til et særligt punkt-um...

Og man kunne skrive om, og skal skrive om, og som der er blevet skrevet om, at livet er alt, og hvad livets mål er, kan være, burde være, også alt det om at livet intet mål har, hjemkomsten og de uendelige vandringer, og indfrielsen, den kosmiske forpligtelse, evighedens kald, epilog, appendiks, exit, sidste udkald.

Denne kosmiske intelligens, og om at følge de vibrationer som øger moralen, løfter ånden, beriger sjælen, gør mennesket glad og mennesker glade.

Livet er alt, og dette skakspil, skakspillet om kalkulation og spontanitet, og hvad dertil hører, hele den mentale trafik og den sociale skak; hvad skal det til for?

Hjælpsomhedens nexus, smertelindrende og angstdæmpende, stedet hvor vi surmuler lidt og muler en anden, og måske kunne den filosofiske erektion eller erkendelsens rejse og rejsning regelmæssigt formå at balance alle de almene ideer i og med de specifikke fænomener, så hele den anale atmosphere, den manglende søvn, volden og kampen, hele det tilslørende og tilslørede smil og sind, hele dechifreringen af behovene, lidelsen lige nu og her, kunne få smerten til at forsvinde, frygten ved at være mig lige nu, hele angstens festlighed lige nu, uden udvejen til klarhed; bare det dog var helt ude nu; at stjæle nuet.

At miste sig selv og aldrig at have vidst dette...

Herved er den hallucinatoriske stenalder, eller vores nuværende livs stenede tidsalder opfordret til at observere sin egen indre arving, virkelig at kigge sig selv dybt an inde i øjnene, se tidens sjæl kigge på os og opleve den direkte og dybe klargørelse; for hvad er det, der egentlig er tilbage, inde i vor tids hjerte, inde i vores dybeste selv, lige dér, hvor hele livets inderste nerve pulserer?

Livets spring rammer niveauet, tæt og nær, fjernt og langt væk, altid her, hvor stemmen kalder ens navn, vores navn, dit navn, og siger at vi skal hjem nu, at de venter på os.

Kom roligt, langsomt, strømmende lavt, stille, fredsfyldt, kildrende, sultende, frysende; hvem ved ikke, hvordan man kan være stille?

Denne spektakulære rensning og renser, er den eneste ene, og gammel nu, forsøger, træt, sent nu, få det klart, søg nu, mærk nu, stærk nu, stræk nu, træk vejret nu, kold nu, angst nu, mig nu, se nu, vis-nu...

At blive skæv, være skæv, ikke helt lige, *straight*, men sådan mere euforisk, og hvorfor da ikke formulere en art euforiserende trilogi, hvor fx en pot-rygers diarium kan finde orde, dvs. finde ordlyd i og omkring litterære ideer, psykologiske aftaler, velkendte arrangementer, nuværende situationer, fysiognomiske kortlægninger, filosofiske kæpheste, og hele den medgivende konsistens, den stridende fornuft, den arbejdende forsamling; livsfortællingernes filosofiske vejvisere, øjeblikkets serialitet.

Kort sagt og helt konkret; den eksistentielle surfing...

Den litterære ide

Ok, lad det være sagt med det samme, jeg er ikke nogen ekspert i hamp, pot, marijuana, cannabis, hash, skunk, weed; what ever ... jeg vil formentlig kunne estimere et ret højt antal mennesker, som ved ret meget mere herom end jeg.

Så min gode læser, denne bog skal du ikke læse fordi du vil lære noget om, hvad pot er, hvordan man dyrker det, ryger det, eller i det hele taget indtager det.

Det er snarere en bog, som fortæller om et liv med pot-rygning, og så alligevel ikke, fordi et liv med pot-rygning, indbefatter en noget længere periode end hvad tilfældet er i denne her sammenhæng.

I det mindste vil du kunne få et indblik i, hvad det vil sige at være påvirket af pot, men ikke sådan i ekspert-formuleringer, hvor du ville kunne høre noget om de mere neuro-kemiske og kognitive påvirkninger i sådan mere tør videnskabelig stil.

No, dette er ikke tilfældet.

Faktisk vil det formentligt være sådan at du nok knapt nok ved om jeg skriver det som jeg skriver under påvirkning eller ej, og samtidig vil du formentlig kunne gøre dig dine anelser, specielt hvis du selv er påvirket, eller har været påvirket heraf.

Så hvad er ideen?

Det er vel at ryge pot og opleve og nedskrive erfaringerne hermed...

Den psyko-logiske *deal*

Det er som så meget andet et eksperiment båret frem af et liv i genuin kedsomhed, og samtidig via en nysgerrig interesse i hvad der kan lade sig gøre, og ikke mindst at etablere en forbindelse og måske forblændelse til en glæde og en lyst; nemlig til derfra hvor skrive-strømmen kommer.

I hvert fald for mit vedkommende.

Så hvad er dette for en *deal*, hvad er det for en aftale, der hermed er på tale?

Ikke kun mellem os to, kære læser, men også mellem mig og mig.

Jeg mener, når fx S. Kierkegaard, uden sammenligning i øvrigt, kan skrive om sine ture til fx Berlin, om sin forlovelses-historier i et væk og i et langt forfatterskab, om sit forhold til Gud og kristendommen, om sig selv, og i det hele taget uden tvivl holdt af at skrive herom (43 udgivelser på 17 år); ligesom legede med skriften og lod tanken svæve afsted ud gennem sine stål-penne, eller for den sags skyld en hvilken som helst anden, filosof eller ej, kendt eller ukendt, når bare lysten til at skrive er der, og når man finder det, der skrives til-strækkeligt vedkommende for andre end bare sig selv, så må man vel indrette sig således, at det grundlæggende arrangement for skriveriet, gør det muligt at komme forbi, så ofte som muligt; altså at man bare må hen og forfatte videre, digterisk og dokumentarisk, at man ikke kan lade være, med nødvendighed må fortsætte, jo, så er det et godt *konkordat*, og jeg aner at netop denne ide med en art euforiserende trilogi lige må være sagen, både som skriver og som læser, for det kan og må blive sjovt, satirisk, polemisk og essayistisk, lyrik og prosa, og samtidig synes formen hensynløs og åben, dvs. at der bare skal nedfældes i et væk, hvad der opstår i den periode, hvor pot-rygningen finder sted og altså dermed har fundet sted.

Planen er at efter dette bind, kommer der en alkoholikers dagbog ("Stiv"), og dernæst bind 3; en psykodelikers dagbog ("Syret"); så må vi se...

Det velkendte arrangement

Selvfølgelig kan jeg anlægge det historiske perspektiv, specielt her i begyndelsen, hvor vi alle lige skal ind i *the deal*; vi skal kigge nærmere på, hvorfra det hele mon opstod, altså det med første gang at ryge og ikke mindst blive skæv.

Og samtidig skal vi kigge lidt nærmere på, hvem det mon egentlig er, der skriver.

Denne leg med identiteter, rollen, jeg-fortælleren, er det mon én eller flere, som man kender, eller er det pure opspind; formentlig lidt af det hele, knapt så overraskende velsagtens.

Så hvis og når vi kigger på de første par gange, hvor skævheden tog over og man blev påvirket, ville det selvfølgelig være muligt at ... nej, det vil det netop nok ikke ... at kunne generindre samtlige gange, helt fra første gang og til den seneste gang, men det duer ikke, en sådan strategi, en sådan fortælling kan ikke lade sig gøre, og samtidig er det heller ikke muligt at kunne beskrive nogle af de forskellige oplevelser og stemninger, der opstod under de forskellige pot-påvirkninger, eller hash, eller lignende; således kunne det blive til en gang pure opspind, eller en gang pis og papir, fis og ballede, og aldrig helt korrekt, eller ligefrem helt ude i hampen.

Så hvordan er det mon muligt at arrangere dette, andet end via en dagbog, dvs. skrive lidt ned hver dag, under påvirkning, tegne lidt, stene noget, flippe lidt ud, i semi-paranoide dansearter i den kognitive koreografi eller mentale scenografi, hvor man ligesom forsvinder ind eller ud i en ængstende atmosfære eller bort i det grinene flip, alt det som de fleste kender til, forbinder med at ryge pot, blive tung og skæv, flygte bort, sammen eller hver for sig, sådan helt og aldeles bare holde af at ryge ... og her kan man da nævne ... som de fleste der vel har åbnet denne bog også godt ved, at man jo også kan drikke det som the eller spise det som/i kage, m.m. jo, selv pop-corn kan lade sig gøre...

Den systematiske dagbogs-skrivning

Men ok, dette med den systematiske dagbogs-skrivning, om den så lyder som en romantisk klokkestreng eller som en moderne forsker, det duer ikke ... det er med andre ord nærmest lige så omstændeligt, som at få sit tøj på og komme afsted til jobcentret, og ... av, der kom en sådan lidt mere psyko-politisk kommentar frem på *beatet*, det skal jo være sjovt, og er det helt og aldeles ikke, bare sådan lidt fabulerende tomgang, og 'du tillader dig at nævne Dr. Kierkegaard, puha, langt over målet, undermåler', ja, jeg er kommet i *bad standing*, sådan holdes ude af hoffet, og da det går op for mig, mere end det, at jeg nok må indse, at jeg ikke kommer til at stå på en scene med stående bifald blandt publikum, at jeg ikke får en nobelpris, eller nogen pris overhovedet, denne eksistentielle status og psykologiske selvindsigt, at løbet her er kørt, ja, så kan man jo ligeså godt bekende kulør, og lade sig glide helt til rotterne, forsvinde ned på det laveste og samtidig mest afslappede niveau, sådan bare være lidt små-skæv hele tiden, ryge og se hvad der sker, og en tak i det mindste til T. Vinterberg, der måske, med sin fine film ("Druk"), satte dette i gang; hvor var den sjov og tankevækkende, og når jeg er i gang med at takke alle dem der ikke kender mig, som fx E. Norton, M. Hollis og T. Yorke, jo, så må dette stoppe, og blot dukke nakken og kigge på sin joint, ryge den, og nyde tilværelsen; skæv ... bare sådan lige tilpas...

Dette er vores arrangement, vi ved ikke helt hvad der kommer til at ske, måske bliver det en fortælling, måske storslået, eventyrlig, filosofisk, eller måske bliver den bare sådan lidt pusseløjerlig, knap så spændende, dramatisk, måske går den over gevind, og bliver nærmest helt novelle-agtig, lidt filosofisk og psykologisk roman-skriveri, men nok uden handling, dialog eller et decideret plot; det skal man nok lede længe efter … ligesom sig selv i livet... men lede skal man … vel. Bilder mig ind at dette er inspireret af G. Deleuze...

Den nuværende situation

Hej. Min mand ryger pot og har gjort det i flere år nu. Han har et godt arbejde som han passer til punkt og prikke, og ryger først en "joint" eller to om aftenen når vores børn er kommet i seng. Han tager en lille smule pot (en mængde svarende til en negl) og blander det med tobak, og dette ryger han som en normal cigaret. Han ryger ellers ikke. Han siger at det får ham til at slappe af, at det er et nydelses-middel og at det ikke ellers har nogen indvirkning på ham. Jeg synes dog hans temperament er noget voldsomt hvis han har stress og ikke kan ryge, at hans hukommelse ikke er særlig god, og jeg kan faktisk bedst lide ham når han har røget, hvilket jeg synes er bekymrende... Jeg har prøvet at få ham til at stoppe flere gange, men uden held, han synes bare jeg overdriver og hopper med på samfundets "heksejagt" af dette stof. Han siger at pot overhovedet ikke kan sammenlignes med hash, jeg er i tvivl, hvad mener du? Har han et problem eller skal jeg bare slappe af?

Hej. Undskyld, at jeg ikke har fået svaret. Du beskriver egentligt meget godt hvordan cannabis virker – det er afslappende og mindsker stress, men bagsiden er at nogle af de aktive stoffer også giver pro-blemer med hukommelsen. Din mand har jo fundet en måde at be-handle sin irritabilitet og uro på, og måske er det den bedste måde at gøre det på for ham. Uden at jeg skal fjerndiagnosticere på din mand så kan der være tilstande bag irritabiliteten som for eksempel angst-problemer eller ADHD som han får dæmpet med cannabis. Så det er en balance hvad der virker og hvis han ikke ryger mere og mere eller er irritabel selvom han ryger så har han måske fundet en løsning der virker. Problemet er jo så at det er illegalt og det kan være svært for eksempel at tage på ferie uden "medicinen".

Den fysiognomiske kortlægning

Gad egentlig vide om man kan kortlægge alle de forbindelser der er til pot-rygning... altså om man kunne gå politisk, psykologisk, kulturelt, historisk, filosofisk, biologisk, botanisk, litterært, videnskabeligt, m.m. til værks ... det vil kræve en del, uden tvivl, *research*, og opbygge doseringen af informationerne på den rette måde, rette rækkefølge, sådan helt organiseret, knap så dramaturgisk anlagt dog, men sådan med omtanke, hvad angår *inputs*, og ville dette mon ikke udfordre en vag ide om umiddelbar og spontan nedfældning af tankerne i skriftens dansende bevægelse mod højre, og springet ned til næste linje, er da om noget værd at iagttage, hele tiden følge ordenes tilsynekomst på skærmen, hopla, ned på næste linje, og den tanke om, hvor længe dette skal fortsætte førend, det bliver for meget ... eller bliver for lidt...

Nå.

Men dette med at komme afsted og skabe forbindelser, kortlægge pottens fysiognomi, dvs. pot-rygningens indvirkninger, ikke potte-træningens, eller pot-målets, det bliver trods alt dels for positivistisk og dels alt for analt og infantilt, selvom det jo altid lurer som en mulighed, lige om hjørnet, hvor mor og far også står, det store autoritative samvittighedssystem, gosh, ... men denne sammenhæng mellem ydre målbare egenskaber og indre mentale indstillinger, endda med rødder i stoicismen, altså ikke pot-rygningen (eller det ved jeg faktisk ikke om det ikke også kunne være tilfældet; stoisk ro!), som blev virkelig populært i 1700-tallet at forbinde ansigtstræk og karaktertræk; én, der erkender naturen (græsk; *physis*, natur og *gnomon*, en der erkender) ... her er da en kæmpe åbning til freudiansk lirumlarum og til den ærke-antikke, filosofiske kæphest...

Den filosofiske kæphest

Jo, så er vi allerede ankommet til det store grundlag for pot-rygningen, nemlig som den filosofiske absence, hvor den kortvarige forstyrrelse i hjernens funktion medfører fjernhed og sågar bevidsthedstab, og så også det med kæphesten, som ikke værende den lege-stok med et hestehoved på, men netop som værende noget, man elsker at beskæftige sig med, er meget optaget af, tillægger stor betydning eller ligefrem ustandselig taler om; hvorfor skal det være så fedt at ryge pot? Hvad giver det mennesket at gøre det?

Hvorfor filosofere?

Årh, og man kan jo her rode sig ud i alskens gode eller knap så gode grunde, forklare med mimik og gestik, og så godt som muligt med logisk stringens, eller som henvisende til en mere æstetisk og romantisk forklaringsgrund for sine oplevelsers duelighed og legitimitet, sådan rigtig give sig retorisk i kast med at overbevise, få ret, således at lytteren, du læser, eller hvem du nu end måtte være, til sidst enten forlod stedet, eller blev, og blev forvisset, eller blev uenig tilbage, tog kampen op, eller endog fik overtalelsen på sin side.

Men det ville også være at gøre for meget ud af det.

Så hvad er det man skal stille op med den filosofiske kæp-hest, når man bare er den, der erkender naturen; begriber konsistensen, sander kaliberen og med-giver kvaliteten?

Hvordan er det nu at vi mennesker kan opfatte en konsistent begrebslighed, dvs. erfare fraværet af modsigelse gennem en model, hvor alle formler i teorien er sande, og dermed opleve en kvalitativ kaliber, som således dels kan angive menneskets indvendige dia-meters hvordan, og dels medgive (og dermed erkende) overfor nogen (sig selv måske) at noget forholder sig på en anden måde end man hidtil har ment, og ofte på den måde som en anden part mener det forholder sig; dvs. kort sagt give nogen ret i noget...?

Fx give mig ret.

Maria Teneva

Den medgivende konsistens

Så nu er du nærmest blevet indlagt til at følge trop, gå med i mine eskapader og pladder, og bare høre hvad der sker og ikke sker, mens skriften skøjter sløvende forbi dine nethinder, dine øjnes bevægelse sådan lidt side til side henover det sorte på det hvide, sådan er det vel jo at læse, men hvad er det dog du læser, hvad er det jeg skriver, knap så meget, indtil videre, men mon ikke det bare skal komme, og nok skal komme, og hvis ikke, ville tiden så have været brugt bedre, ville det ikke som sådan være lige meget; her i dette selskab kommer du da i hvert fald ikke til skade, skader ikke nogen, forhåbentlig da, og du kan bare sidde, eller ligge, eller ligefrem stå, læse højt, råbe eller bare hviske, eller læse helt tavst, måske endda blot lytte (til en anden der læser op for dig), for jo, jeg har noget på hjerte, noget som jeg gerne vil viderebringe til dig gennem denne tekst, på dette papir, via denne bog, dette, og disse kommende, bind, og det er intet mindre end noget dybt tragisk og noget bundløst komisk; en urgammel visdom, et misbrug, en model, hvis formler alle er sande, et eksempel og et fortilfælde, en grundform, hvor ritualer og formularer affimerer, attesterer og dermed besegler en tilstående indrømmelse; en bekend-else, *o'yes*, kon-fession, trosbekendelsens kultus; et credo, hvor er det bare dejligt, hvem vil dog ikke gerne nå dertil, hvor de decideret erfarer konsistensens væsen, som er, at 'jeg tror', som en bøn, en politisk beslutning, kunstnerisk virksomhed eller et erklæret verdsligt idegrundlag; som fx 'de nye demokratiers økonomiske credo'.

Her er alle formler sande, denne model er vores dydsmønster og forbillede, og op mod denne apostel og autoritet, rejser og strejfer noget andet forbi, har altid gjort det, gør det hele tiden, nemlig modsigelsen, para-dokset, det ulogiske, det umuligt fatbare, og når det sker, vil 'den, der erkender naturen', *physiognomikos*, skride afsted ... ved siden af...

Macaela Parente

Den stridende fornuft

Helt ved siden af, mod meningen, det skæve liv, netop fordi langt det meste i hverdagen, et langt stykke hen ad vejen, er lagt an på en vis grad af rationel og dermed kalkulerende tænkning og adfærd, såsom planlægning, koordination, social logistik, arbejdmæssige beregninger, med alt lige fra faglighed, personlighed, og almindelig psykologisk behændighed, fx som at stå op (til tiden), tage tøj på, nogenlunde pænt tøj, vide, hvad der er pænt tøj, stilen, smagen, og dermed den æstetiske, kultiverede sans, alt efter, hvad man skal, nå toget, tage cyklen, have en cykel, eller finde ud af det med bussen, buskort, togkort, og for tiden mundbind, m.m., og så er der den viden og kompetence som man skal have opnået gennem kurser, uddannelse og skolegang i det hele taget, og hvad angår hele det relationelle aspekt, dvs. at kunne være i nærhed eller omgang med andre, ikke bare i bussen eller på toget, men blandt kollegaer, studiekammerater, kan i sig selv være sin sag, specielt hvis og når man er skæv, og det går egentlig meget godt, fordi ingen jo rigtig kan fange én i noget, dvs. man bliver jo ældre, kan have lov til at være fraværende, og bare man får gjort det man skal, så er det vel ikke på sin plads, at lange ud efter nogen, der er modstridende den almene konsensus; *le common sense*.

Og selv om at fx de tyske oplysnings- og romantiske filosoffer a la Kant og Hegel allerede have opdaget og beskrevet fornuftens (græsk *logos, nous*, til latin, *ratio*) indre modstrid, og af sågar de græske tænkere langt tid førend J. Kristus steg ind og viste øjeblikket (og dermed evighedens refleks i tiden, jf. S. Kierkegaard), og selvom at halv-kedelige J. Habermas, og hvem ved jeg, dyrker fornuften som en moderne konstruktion, og selvom at M. Foucault og en hel del andre igen og igen langer ud efter Mr. Ratio, så er det vel på sin plads at sige eller skrive; 'go beyond; *para noien*', gå mod fornuften, vær ved siden af *ratio*...

Det skæve liv

Æstetik, sansning, følelser, savn, naturlig erkendelse, dæmpet tanke-aktivitet, blot en væren i og med det, der foregår, synker ind i aktiv ro, og finder en dvælende form for tilstedeværelse, hvori og hvorved der kan arbejdes med fokus, komme ind i det synliges tilsynekomst, sådan gå semi-fænomenologisk til værks, og opdage verdens tilværel-

17

se vise sig for den blotte og bare bevidstheds umiddelbarhed og naivitet.

Således er, som de fleste nok ved eller kan ane, det skæve liv spirituelt, sådan helt naturlig åndelighed, uden mystiske væsner eller deslige, men indrammet i og af en sfære, hvori tætheden kan bebo visse nervecentre, som kan aktivere en ængstelighed og uro, en dybere form for erfaringsgrund, hvor mistænksomhed og mental bekymring ikke kan finde eller nå hen.

Det er en dybere tilkende-givelse af en nærhedens væsen, som kan trække tomheden, ensomheden og dermed også ængsteligheden indover bevidsthedens bue, hvorved specielt *kronologien* og *kairologien* skrider afsted på æonernes vinger, netop her smutter evigheden gennem timelighedens netmasker, her kommer vi dansende til stede for os selv, og leger den leg, som alle yogier, guruer og generelt oplyste mestre er blevet til som; pottens *boddhisattva* ... dette spirituelt-hungrende misbrug, der dels flygter fra rationalitetens åg, og dels deserterer fra den social-psykologiske forvridning af ens oprindelige *habitus*, den man vitterlig er, og bare altid har været, og gerne vil vedblive med at være, faktisk ikke kan andet end at være, så måske man spørger sig selv og andre; 'og hvorfor er det nu lige, at vi skal danse med på magthavernes melodier, hvorfor skal vi tjene et samfund, begunstige et helt kapitalsystem, når nu vi hverken har skabt det, vil det, eller på noget tidspunkt får noget ud af det, andet end dårlige og ligegyldige oplevelser.

Hvorfor er det lige at "systemet" vil have os i arbejde?'

Ying Wu

Den arbejdende forsamling

Jo, når vi taler 'arbejde' på denne måde, er det velsagtens noget der har med løn, kontrakt, forpligtelser og rettigheder at gøre, og således kan det med det samme også nævnes eller erindres at man sagtens kan arbejde ulønnet, også på kapital-markedet, med sig selv, arbejde med andre, og uanset om det sætter fri (som A. Hitler jo er kendt for at have svoret), uanset om det er af spirituel art (a la 'the Work'), eller sådan mere afdæmpet som nævnt at arbejde med sig selv, så vil nok langt de fleste mene, at det ikke kan lade sig gøre ikke at arbejde, dvs. at vi hele tiden er på arbejde, med eller uden løn; mennesket er kendt som det arbejdsomme dyre-væsen, jahu, Marx, 'at komme på arbejde', både konkret og i overført betydning, og det virker også til at arbejdet samler mennesker, men adskiller os selvsagt også via fx konkurrence, samarbejde, medarbejder, modarbejde; flokke, bander og hele folkemasser kan gå sammen for en sag, arbejde sammen for noget, men de kan åbenbart også lade være, lade stå til, vi kan gå hver for sig, forlade hinanden, og derfor denne ensomhed, men også klarhed, ængstelighed og tomhed, for vi arbejder jo ikke sammen, aldrig rigtig sammen om noget, eller vi formår åbenbart ikke vitterlig at arbejde sammen om det, der gælder, det vigtige, og således må vi konstatere at det faktisk er muligt ikke at arbejde, og rigtigt at arbejde, gider ikke, dovenskab, magelighed måske, det synes at være blevet således at 'den filosofiske cirkulation' og dermed det fundamentalt betydningsfulde arbejde i den menneskelige tilværelse er gået hen og blevet til en god gang 'eksistentiel surfing', hvor endda 'den mindre lysning' og dermed 'den indre øjebliks-evighed' i bedste fald er blevet indfanget og dermed indgår i en art personlighedsfilosofisk undersø-gende serialitet... og skulle man tro at det da var godt og heldigt, så må man gerne tro om igen ... og lad nu ikke dette give god mening...

Lanju

Livsfortællingernes filosofiske vejvisere

Da jeg i sin tid var mere eller mindre psykologisk anlagt, til at begynde med helt og aldeles intetanende, kom en del mig for øre og øje, som jeg knapt nok, til at begynde med, vidste at jeg tog personligt.

Det gik relativt langsomt op for mig, at min psykologiske figur og personlige skikkelse dels var et produkt af en lang række svært genopdrivelige socio-kulturelle faktorer, påvirkninger og ligefrem indgreb, og dels var og blev et udtryk for en række sjælelige kalke-ringer, besættelser og decideret tilfangetagne aflejringer.

Med andre ord var også jeg gået hen og blevet et produkt af min tid, et barn af en epoke, hvor sproget, de globale forskydninger og lokale prægninger havde skabt sit "livs-værk", og samtidig havde jeg måske udviklet, bag om ryggen på mig selv, en række forsvarsværn, spændinger og auto-immune manøvrer, som nærmest umuliggjorde bare tanken om et frisat liv.

Hvornår og hvordan jeg vågnede op fra dette, kunne jeg sikkert sige en masse om, men pointen er her, at det skete, at det lod sig gøre, at endnu et menneske opnåede kontakt med sit væsen, og dermed kunne jeg arbejde mig langsomt ud af det personlighedspsykologiske fata Mor-gana.

Og selvfølgelig var og er det hele vejen igennem mildest talt et spørgsmål om at finde en lang række udtryk og greb til, hvordan fx dette at være nedladende eller dette at være opladende udgør et menneskes dominerende psykiske træk, om hvorvidt: "Jeg kunne virkelig godt tænke mig bare at slappe af...", om at være et plagiat, eller falde igennem den fundamentale netmaske, om at blive forrådt, for råt, og lide af den forfærdelige mængde af psykiske symptomer og ikke mindst de mange verserende sociale syndromer; om at leve livet med eller uden en neurotisk og narcissistisk personlighedsforstyrrelse med hang til, eller anlæg for, dysfori.

Det handler om: Alt forladt!

Om forladelsen; tilgivelsen...

Uanset psykose, sjælelige chok eller trancer, uanset om de eksisten-tielle penduleringer foregår i spænd-vidden mellem at være forlist og være forløst eller ej, så hold øje, din pseudo hystade!

Kære læser, kæreste du, du ved ligeså vel som jeg, at der findes utallige veje, forskellige udfaldsveje, indfaldsveje, omveje og smut-veje, og meget, meget mere; alle mulige former for betegnelser for noget, der opleves og erfares, og som dermed kan beskrives som livsveje af forskellig art.

Og du, vi, ved også, at dette ... vejen... blot er en metafor for noget man ligesom fornemmer og evt. gisner om, hvad er og henviser til.

Noget vi går på; spadserer; livets vej.

En art konkret og abstrakt liv, der leves og foregår; også lige nu og her, nemlig altid, overalt, hele tiden.

Meta hodos.

Der er noget i os alle, som godt ved, hvad det er, der tales og skrives om ... også lige nu.

Bare mærk at du er til, og du ved straks hvad der menes, nemlig at du er her, ånder, sanser, lever, tænker, føler, etc.

Oplever at du er, dig, her og nu.

Der henvises således her til den filosofiske exit, dvs. om en helt speciel form for lærdom. Nemlig det forhold at vi ek-sisterer, og at vi ved, at vi gør det.

Afskeden ... udgangen ...

En eksistentiel erfaring som samtidig synes baseret i det ontologiske forhold; at vi faktisk er ... og det epistemologiske; vi oplever at vi er ... og den eksistentielle realisme; og vi er også til; det er ikke løgn.

Og når vi ved det, er vi videre.

Denne form for vished og afrejse, også selvom den kan have karakter af bekymring, tvivl, usikkerhed eller fortvivlelse, udtrykker samlet set en værens-form, der bekræfter, at du, vi, er til. På vej. Affirmationen...

Og at vi ved det... vi ved at vi er på vej, vejen, vandrer afsted.

Og vi ved også godt at vi kan glemme det, forsvinde fra os selv, miste kontakten til livet, ligesom når vi falder i søvn, intetanende.

Det sker bare, og så snart vi ved dette, er vi vågnet op igen.

Og ser at vi har opholdt os samme sted.

Vær således vågen, er en ligeså vigtig funktion i den menneskelige form for værensmodus, som visheden om at vi er til.

Hver gang du falder i søvn bliver du stående i døs.

Og selvom at der tales og skrives om variede gestalter af sociale og kognitive mønsterbrud; i bred forstand om psykologisk set nye vaner i den menneskelige tilværelse, så synes netop dette grundforhold ... den ontologiske selvbevidsthed og sikkerhed (jf. R. D. Laing) ... ligefrem umulig og decideret åndsvag at forlade, andet end via forglemmelsen, livsløgnen og falskneriet; tingsliggørelsen, og frem-medgørelsen, etc.

Spørgsmålet er derfor om det hverken er godt eller skidt, at man ved eller ikke ved, hvad det er der tales om og henvises til?

For man kan jo bare spille kostbar og fortsat leve i den af bl.a. Sartre beskrevne onde tro, dvs. den eksistentiel-juridiske term, der sigter på, til forskel fra "den gode tro", at vi godt ved; at vi godt er klar over, at livet vores kunne have været blevet helt anderledes; at der er et ulevet liv, i princippet et uendeligt (antal af) ulevet liv, men at vores valg og de respektive konsekvenser heraf, fører os videre frem gennem en relativt høj stabiliseret form for identitet; narrativt, systemisk, tankemæssigt såvel som subliminalt, etc.

Det er denne cirkulation, som skal beskrives; tankens kredsløb, og evighedens lysning, lysningens evighed, som sker på vejen, rammer os sådan rigtig *peripatetos-agtigt*; nemlig som helt igennem omkring os vandrende, om sig strejfende, og så alligevel som bærende os på bølgelængde med eksitensen; *surfende* på livets hav, som *kite-surfer*, *wind-surfer* og som helt igennem "nøgen"; alene på brættet.

Bogen her handler således både om at vandre sig til indsigt og om at *surfe* erkendelsens ocean; forplante den filosofiske tilstedeværelse og de filosofiske gåders æon; forbinde dem med hinanden;

... med dig, mig, os, ... alle ... sammen... alt ... sammen...

Mistede venskaber og forliste kæreste-forhold!

Nu kunne det jo være at pot ikke bare dulmede og sløvede sindet, men ligefrem beroligede tanken, fik bekymringerne til at forsvinde, således at der opkom en anden form for fokus; hvile og fred...?

Sidney Severin

Øjeblikkets serialitet

Det er til at blive helt bims af at tænke i tiden, eller lad os sige det på denne måde, at tænke tid, tidens tanke er ligefrem uhyggelig, da den minder os om det helt store aspekt i og ved tilværelsen; at vi er til.

Og samtidig betryggende, nemlig fordi vi igennem tidens tanke vender hjem og kommer hjem; hjemrejsen.

Temporalitetens hjem-vej; denne hastighed, som i fart og tempo...

Således bliver tidens tænkning storslået, når den vel og mærke ikke blot er og forbliver forfalden til en funktionel og pragmatisk omgang med temporalitetens teknikaliteter, dvs. når det ikke blot handler om hastighed og varighed i de daglige, logistiske koordinationer, planlægningernes tidspres og den bevidsthedsmæssige stress, som langt de fleste er underlagt, men når det handler om og udfolder hjemturen, hjemkomsten i tiden; at være i og med varigheden...

Når 'tiden' tænkes som fx hos I. Kant, dvs. som en anskuelsesform, dvs. når tiden er i mennesket, og mennesket ikke er i tiden, eller når det går græsk til værks a la *kronos* eller *kairos*, dvs. som seriel og irreversibel udstrækning, nærmest som en liniær *punch-line*, når tiden i øjeblikket, og er 'den fjerde dimension' som nærværende, dvs. sigtepunktet, udgangspunktet udover den tredimensionelle rumlighedens erfaringer, hvori vi typisk er og lever praktisk og teoretisk, eller når den er æstetisk, eksistentielt formuleret, som hos S. Kierkegaard, dvs. digterisk involveres i det lidenskabelige brydnings- og betydningsspektrum i den menneskelige tilværelse, dvs. når timeligheden som nævnt mødes med evigheden, netop når øjeblikket så smukt formuleres som "evighedens atom" af selvsamme S. Kierkegaard.

Netop her må vi tænke, og blive tænkt af noget større end os selv, lade os blive fanget og frisat, nødvendiggjort af en højere eller dybere orden, der ikke blot kan reduceres til en psykologisk maksime eller mekanisme som værende af kognitiv og mental art, som værende af narrativ og systemisk art eller som værende af psykodynamisk art; det er en filosofisk erfaring, og samtidig et bevidsthedsmæssigt oplevelsesrum, som er ontologisk og metafysisk i sit væsen.

Dette moment a la Hegel, forsoningen, nuets kraft, syntesen, ophævelsen (*aufhebung*), som en særegen refleks i tiden, hvor noget dybere, større, vitterligt betydningsfuldt træder ind eller frem i os, sker konstant, og det er ikke som om vi virker til at være helt tilstede heri, eller klar herover.

Det virker snarere som om, at det er undtagelsen snarere end reglen, at vi mennesker virkelig oplever øjeblikket, mærker evigheden indtræffe; blot spørgsmålet om øjeblikkets øjeblik, kan af samme grund erfares forbløffende og måske endda meningsløst.

Hvis øjeblikket således udgør en række atomare evigheder, eller krystalliserer evigheden atomarisk, så er det muligt at foretage bevægelsen anderledes end som "perler på en snor", men som gående ind i hinanden, hvilket fx "øjeblikket i øjeblikket" formentlig kan (re-)orientere os i retning af.

Tager vi den første figur vil det vise sig at de atomariske berøringsflader er dynamiske, plastiske, jo, velsagtens elastiske, dvs. at de overlapper hinanden i nærmest organisk forstand, som levende og åndende bobler af tidsrum, og derved får mennesket igennem de eksistentielle tidslinjer og temporale kurver; snirklede og forskydende spiraler.

Og når vi erfarer øjeblikket i øjeblikket dykker bevidstheden ind, igennem og ud på den anden side; træder vitterlig ind i tidens rejse, og sjælelige vandring; *metempsykoesen*, træffer den sti, eller vej, hvor ånden bor og gror, og vi begiver os afsted mod øjeblikkets inderste væsen; evigheden. Her er udvejen...

Herved kan temporalitetens intentionalitet i det mindste bibringe bevidsthedsrejsen en helt anden figur og skikkelse, nemlig som ikke værende tøjklemmer på en snor, som dog nyvaskede klæder, men netop som helt teleskopisk og mikroskopisk involverende en væsentlig værensform i tilværelsens i øvrigt cirkulerende kaskader.

Denne figur muliggør en tanke, en skrift og ikke mindst en angivende og påpegende skikkelse, der kan få en opmærksom aktør til at træde ind i øjeblikkets serialitet, og trække sig bort fra den personligheds-psykologiske kappe og Medusa-agtige eksistensform, der udelukker tilsynekomsten af væsentlighedernes afsløringer; et nyt fokus.

Eksistentiel surfing på forståelsens vingesus

Du ønskes alt det bedste, god tur, find dig selv, eller lad være.

Hvem gider i det hele taget at forholde sig til det helt store filosofiske mester-skab og den eksistentielle surfing; kunsten at kunne balancere i et uendeligt udstrakt rum på evighedens længde- og breddegrader?

... og således kunne man, eller kan man, (skal man?) gå videre til bind 2: "Stiv, en alkoholikers dagbog", og endog fuldbyrde trilogien med bind 3: "Syret, en psykodelikers dagbog"...

Men det blev til noget andet, både overraskende og knap så overraskende, det blev til noget omkring forståelse ... nemlig en art filosofiske interesse i, hvad det vil sige at forstå... i form af et udkast til en serie herom:

Formålet med denne serie kunne være tvedelt; 1) dels at få udforsket det pågældende emne, dvs. undersøge aspekterne af indholdssiden af begrebet og dets sammenhæng med andre vigtige og nærliggende begreber, 2) dels at få afprøvet metoden, dvs. teste og vise hvordan den filosofiske aktivitet kan formå at gøre sig gældende som formende faktor.

Seriens program kunne således være relativt fastlagt, både som struktur og i systematisk forstand.

Hvert bind kunne hermed følge nogle bestemte punkter, og hvad angår valget af begrebet 'forståelse' er det sket ud fra interesse og smag, dvs. en art erkendelsesmæssig æstetik har bibragt at dette emner har fået lov til at udgøre det materiale, hvormed den filosofiske undersøgelse kan vise sig.

Herved kunne ambitionen og forhåbningen være, at serien som helhed kan muliggøre og udtrykke et eksempel på en art begrebslig kontemplation, et helle eller refleksivt refugium, der, som eksempel, kan påminde os alle vigtigheden af, at dér hvor tænkepausen sker, sker vi også med tanken.

Her bliver vi til i form af de spørgsmål, der stilles, og gennem de svar, der skabes på baggrund heraf.

Således kunne dette, som alle andre forsøg, være en invitation til at filosofere over emner, der betyder noget for os som mennesker.

Dette er grundlæggende set filosofiens væsen og hensigt...

I det kokommende kan vi således udforske, hvordan brugen af ordet "forståelse" gør sig gælende i hverdagen, dvs. vi skal bestræbe os på at afholde os fra en formel, litterær eller faglig tilgang til ordet.

Således begynder vi umiddelbart at gøre os klogere på udtrykket gennem at stille os åben herfor, og komme i tanke om, hvordan vi har hørt udtrykket blive brugt, hvordan vi selv bruger det, samt hvordan det måske også kan bruges, selvom vi måske ikke har gjort det, eller endda har glemt det.

Herved *varmer* vi tanken op herom, og stimulerer derved vores kognitive associationsstrømme og perceptionsmæssige erindrings-spor ved at stille et spørgsmål som fx:

Hvad menes der umiddelbart med udtrykket "forståelse"?

_____

_____

Hvad er det vi kommer i tanke om, når vi hører dette ord?

_____

_____

_____

Og hvordan har vi brugt det i det daglige liv?

_____

_____

_____

I det ovenstående har du formentligt og forhåbentlig ned-fældet nogle noter, stikord eller skitser omkring ordets umiddelbare mening og anvendelse.

I det følgende vil der nok ikke helt være skrevet det samme, som du har nedskrevet. Dette gør i så fald ikke så meget. Pointen er, at lade udtrykket komme til orde, og så småt begynde at tænke herover; hvad er forståelse?

_____

Umiddelbart virker det til at 'forståelse' sigter på noget et menneske kan gøre sig om noget eller nogen. Man kan fx gøre sig en forståelse i form af at forstå nogen eller noget: 'nu forstår jeg!'

Og det virker ikke som om at der er noget problem i at ville forstå nogen eller noget, tværtimod virker det til at være efterstræbelsesværdigt, dvs. at mennesker gerne vil forstå, fx sig selv, andre mennesker eller verden.

Med andre ord er det umiddelbart positivt ladet (et plus-ord) selvom tilvejebringelsen af forståelsen eller en forståelse jo godt kan være sin sag, dvs. svær.

I det hele taget synes forståelse at gøre sig gældende i det meste af det menneskelige liv; lige fra hvad angår videnskabelig aktivitet, læsning af bøger, læringsprocesser og forholdet til sig selv og hinanden.

Vil man ikke også gerne forstå kulturer?

Kausallogiske grunde til dit og dat ... det synes at være vigtigt at forstå... vi har måske fat i noget væsentligt her; forståelse betyder noget...

Spørgsmålene kan være; hvad skal der til for at kunne forstå?

_____

_____

_____

Hvordan opstår en forståelse?

_____

_____

_____

Hvad skal der til for at en forståelse indtræffer?

_____

_____

_____

Så er vi så småt kommet i gang med at tænke over 'forståelse', og tankerne er endnu knap så systematiske herom.

Hvilket er ganske fint; vi stiller os stadig åbne herfor, og udforsker stadig umiddelbart, hvad dette ord henviser til, hvilken tyngde og interesse der er herom samt hvordan det typisk bliver brugt i dagligdagssproget. Sprogets brug a la den sene L. Wittgenstein.

Hvad angår umiddelbare synonymer kan man anspore til fx en vis form for sympati og empati, men også dermed en vis form for indføling og indlevelse kan der være at spore, som i fx at ville forstå en anden, så deltager man så vidt muligt i vedkommendes liv eller tanke, synspunkt, etc. og udtrykker derved en velvilje eller deltagelse i den andens verden og væren.

Går man imidlertid tættere på ordet kan man se at der står for-ståelse, og at man via engelsk har *understand* og via tysk *verstehen*.

Så det er ikke svært at gennemskue, at der er en form for ståen, der er helt central (jf. "stand" og "steht"); så hvad vil dette "stå" sige ... hvad udtrykker dette mon?

_____

_____

_____

Samtidig er der kommet andre ord ind i det danske sprog, som hænger tæt sammen med 'forståelse', som fx misforståelse eller forforståelse samt underforstået.

Og kigger man lidt ind i ordets etymologiske skikkelse og historiske betydningslag, vil man finde at ordets præfix (fx for-, under- og ver-) sigter på "mellem", således at også 'ind-forstået' kan give mening som et mellemværende.

Dertil følger at bi-betydninger som fx at formode, mod, måle og at stå (som i "at stå fast") erfare og lære, åbner op for flere vinkler på og facetter i udtrykket.

At opfange, fatte, opfatte og at stå i midten af, som imellem (fra latin; inter-) gør det nærliggende at koble 'forståelse' med fortolkning og forklaring, hvilket også historisk set er tilfældet.

Fx er det svært at tale om forståelse uden ikke også at tænke en form for fortolkning af noget eller nogen ind samt en dertil hørende forklaringsproces.

Hvad har vi indtil videre umiddelbart fået vakt i og omkring forståelse?

_____

_____

_____

Når vi således *borer* os ind og ned i de umiddelbare fremkomne lag, tankemæssige og historiske, hører vi også udtryk som at modtage, i nærværet af, overveje og udforske samt ikke mindst modstillingen; at modstå.

Inderst inde i dybden af forståelsen kan det måske allerede nu høres, hvordan det græske ord: "*epistamai*" lyder via udsagn som; 'at være tæt på' og 'jeg ved hvordan, jeg ved', hvorved inspirationer fra det gamle engelske sprog, stadig spiller på bevægelser som at overstå noget og at understå sig i noget.

Således synes dette at *stå* at være helt central, som nævnt; at stå stærkt i sin indsigt og erkendelse; "nu forstår jeg!", ligesom i aha-oplevelsen og det græske udråb: "Heureka!", der betyder: "Jeg har fundet", og der som bekendt bruges som udråbsord for at fejre en opdagelse.

Vi synes at være kommet tæt på forståelsens substans.

Men er blot lige begyndt...

Hvad har dette afsnit fostret af tanker om forståelse hos dig?

_____

_____

_____

Forståelse synes at være et humanstisk begreb.

Og hvad kan der mon menes med en sådan hævdelse?

Prøver vi ikke også at forstå (os) på naturen?

Der menes umiddelbart at 'forståelse' gik hen og blev et udtryk for en humanvidenskabelig praksis i 1800-tallet, både som 1) succes-kriterium og som 2) indstilling samt 3) interesse-orientering:

1) Man havde gevinst, når en forståelse opstod

2) Man skulle indstille sig forstående
3) Man skulle være optaget af at forstå emnet

På den måde er 'forståelse' et psykologisk, litterært og filosofisk anliggende.

Men det er selvsagt også et antropologisk og sociologisk genstandsfelt, et sprogligt, strukturelt, semiotisk, lingvistisk interessant emne, kunst, kultur, musik, teater, billedkunst; i det hele taget en dybt anlagt (human)-videnskabelig kode og bestræbelse; et kriterium og et formål på samme tid.

Og samtidig almen-menneskeligt...

Således stikker hele romantikken af med forståelses-begrebet, men det var dog allerede godt i gang i og omkring oplysningstiden, specielt således Kant og hele den tyske idealisme, Hegel, Schleiermacher og Dilthey, og senere tager fænomenologien fat om den på daværende tidspunkt støt stigende hermeneutik, som allerede samtidig var velplaceret som åndsvidenskabelig metode, og baner vejen for psykologien.

Med Husserl, Heidegger og Freud fremme ved roret omkring forståelses-begrebets skikkelser op gennem 1900-tallet, og med Gadamer og hjerneforskningen fra slutningen af 1900-tallet, står vi tilbage med en sociologisk dalende opfattelse og interesse, og endog ligegyldiggørende adfærd, jf. fx Habermas og Luhmann, etc...

Og vi må stille nogle spørgsmål hertil:

Er forståelsen blevet umulig?

_____

_____

_____

Er den ligegyldig?

_____

_____

_____

Tror vi ikke på forståelsen længere?

_____

_____

_____

Hvad er alternativet til forståelsen?

_____

_____

Handler det om forklaring, om at rumme, om mentalisering og ikke mindst om *compassion*-bølgen; bor 'forståelsen' i disse begreber, temaer; sproglige trends?

Måske handler det bare om det samme, men bliver kaldt noget forskelligt fra tid til anden, nemlig kærlighed?

Hvad er din teoretiske forbindelse og dit abstrakte tilhørsforhold til forståelsens væsen?

Og således kunne man, eller kan man (skal man?) blive ved og udforske erfaringerne med begrebet; de empiriske studier, den begrebslige klargørelse, stemning og tilblivelse, give et eksempel på en dialog om begrebet; 'forståelse', foreslå øvelser til selvprøvelse, selvdannelse og selvindtægt, og i det hele taget komme med af-sluttende kommentarer, perspektiver og spørgsmål...

Og går det godt og er der "vind i sejlene" kunne man gå videre med bind 2 i serien, og så videre, fx via disse begreber og udtryk: elegance, samvittighed, bekendelse, visdom...

Men man kunne også lade være...

For hvorfor skulle man?

Hvorfor skulle man ikke?

Ryan Magasino

Gaston Roulstone

Fabelagtig morskab; om livsfilosofiske kærlighedsaffærer

Ved snart ikke hvad der er mest underligt; at man kan glemme at man er til, eller at man ikke kan glemme det? Måske mest vid-underligt er det forhold, at når man husker at man er til, mindes man, ja, ligefrem længes efter helt og aldeles at komme hjem, som om man, ved at erindre sin væren her og nu, kan høre et kald, en stemme, som nærmest kunne lyde som en græsk lyre, som det lyder i heltenes sagaer og kvad; sirenerne, der kalder én ind på klippernes knusende skær; skal man mon putte vat i ørene og have bind for øjnene?

Så, hvorfor skulle eller skal man fortsætte, og ikke bare give op, og dermed være én, der opgiver, når der i bund og grund ikke er andet at tage sig til, end at være her, bare at være? Eller gøre noget...

Man kan nemlig forsvinde ind i eller ud igennem evidens-erfaringen, dvs. bæres gennem vishedens strømme grænsende til sandsynligt, at man er til, virke i denne i vor tids højt besunget konkrete praksis, og være anvendelsesorienteret og ikke mindst være rimelig vel-dokumenteret for sin gøren, laden og sigen, hvor de uvorne i klassen, nemlig teori og abstraktion synes at kunne finde fodfæste i medierede begreber som fx refleksion, meta-, dvs. alt dette med overblik, "helikopter-perspektivet", etc. Her kunne man vandre via bl.a. Eckhart, Hegel og Kierkegaard, og fx kigge nærmere på 'abstrakt' og 'konkret', hvis man ville ... og kunne.

Og man kunne skrive om sine filosofiske forelskelser, gennem at dyrke en tilgang a la romantisk hermeneutik (jf. Dilthey), hvor følelsen og ikke mindst den såkaldte indføling kunne danne den emotionelle klangbund, nemlig gennem en art metafysisk resonans, at kunne udforske hvad det var at den filosofiske kongerække var bange for (angsten), hvad de var kede af (sorgen), hvad der gjorde dem sure (vreden), og ikke mindst hvad der gjorde dem glade (glæden).

Således kunne man lave en emotionel fortolkningsflade, der i sidste ende kan muliggøre den metafysiske indføling i hvad der frisatte den pågældende filosof.

Var det fx ensomheden, kedsomheden, smerten, sygdommen, som gjorde ham trist?

Var det bekymringerne, frygten og den dertil hørende bæven, der fik filosoffen til at være ængstende, eller var dette netop den skånselsløse erfaring af at være (som fx Heidegger igen og igen er inde på).

Eller hvad med revseriet, samtidens misforståelse af vedkommende, martyriet, offeret, som gjorde om vred og polemisk?

Og sidst men ikke mindst, hele kærligheden, skrivningen, glæden i den omfattende skrivestrøm, som gjorde ham lykkelig?

Man kunne således træne de socio-kulturelle betingelser for fremkomsten af det filosofiske menneske noget mere, gennem;

1) at træne appetitten via ensomheden, lidelsen og udfordre mageligheden (og finde kriser produktive for tanken)
2) at træne det sandhedssøgende aspekt, viljen til den sande væren, og udfordre det mistede håb (og dyrke glimtet i forvirringen)
3) at træne den kontemplative værensform, og udfordre adspredelsen og den praktiske travlhed (og dyrke kravet om refleksiv hvile)
4) at træne sansen for at gøre tingene anderledes og udfordre døsigheden og regelmæssigheden (og dyrke de klargørende rystelser).

Og måske ville alt dette forudsætte en særlig selvindsigt, der bestod af følgende kognitions-psykologiske grundpræmis, nemlig;

- at angsten er forbundet med at verden er/opleves farlig
- at sorgen er forbundet med ikke være (oplevet) elsket
- at vreden er forbundet med ikke at være (oplevet) god nok

- at glæden er det, der er tilbage/opstår, når verden er/opleves tryg, og når man er (oplever sig) elsket, og god nok

Således kunne denne vej til livslykken i kognitionspsykologisk forstand åbne op for tre træningsveje, nemlig;

1. man kan lukke af for verden, dvs. kun være dér, hvor man oplever sig tryg, eller man kan åbne sig op for verden, og arbejde med angsten ift fx separationen, kastrationen og døden (og her sniger der sig noget mere psykoanalytisk materiale ind)
2. man kan lukke af for relationen, dvs. kun være sammen med dem, der elsker én, eller man kan åbne sig op for det/de fremmede, og arbejde med fx konflikter og afvisningen, sorgen og ensomheden, etc.
3. man kan lukke af for udfordringerne, og kun gøre det man kan og mestrer (og hermed blive rutineret, og formentlig begynde at kede sig), eller man kan åbne op for nye udfordringer, og dermed arbejde med inkompetencen og usikkerheden, tvivlshåndteringen, etc.

Og når alt dette var tilvejebragt, og dermed blot glæden var tilbage, kunne man med denne lyksagelige kapacitet spørge sig selv og hinanden, hvor meget af os der stadigvæk er regressivt anlagt, planlagt og oplagt?

Som om at vi holdt op med selve det grundpsykologiske arbejde i vores eksistentielle forfatning og værensform.

Man kan undre sig, og måske man også burde undre sig, over at vi hver især mere og mere forekommer os selve livet tilstrækkeligt, og når det forekommer os utilstrækkeligt, vælger vi typisk mellem enten at acceptere, og dermed undgå det, eller flygte herfra ind i tågede effekter af misbrug ... eller sådan træne lidt løb, terapi, samtale, refleksion, yoga, meditation, etc...

Ellers enten; og måske er det også godt det samme?

Og man læner sig måske tilbage og iagttager sin egen util-strækkelighed og manglende formåen. Sådan ser lidt på, hvad man missede, mistede og aldrig kunne gøre eller opnå, og prøver måske at rumme dette eller at briste. Man brister måske uforvaret over (selv)-iagttagelsens massive omfang og tyngde; hele den eksistens-psy-kologiske fylde ... og hermed ser kvantologien dagens lys, som læren om mængder ... eksistentiel kvantologi...

Og igen er man væk, ude i fantasien, eller inde i dybder af det dyre-bare biologiske materiale, hvor intelligensen opholder sig.

Således kan vi bevidne at det para-sympatiske (nerve-system) spænder gråden (i retning af sorgen) ud med grinet (i retning af glæden), hvor præcis kollapset herimellem sker, når vi ikke kan skelne gråden fra grinet, og omvendt.

Og det sympatiske (nervesystem) spænder den paralytiske flugt (i retning af angsten) op mod den ligeså paralytiske kamp (i retning af vreden), hvor præcis kollapset sker, når skriget både er meget vredt (rasende) og meget bange (Jf. fx Munch).

Og når alt kollapser, lige dér, hvor skriget bryder sammen med den grinende gråd eller det grædende grin (jf. "Jokeren"), lige dér, så er vi emotionelt ophævet til eller nedsunket i en radikal anden værensform.

Herefter beror den åndelige livsførelse på, at man først og fremmest er, eller kommer på, højde med sin spiritualitet, og bliver og opretholder sig selv, dér. Dvs. at den impressive og para-sympatiske sorg, og den impressive og sympatiske angst, og den ekspressive og sympatiske vrede samt den ekspressive og para-sympatiske glæde, indstifter en klarhed, inderlighed og åbenhed, på en og samme tid.

Denne singulære fir-dimensionalitet vil teknisk og teoretisk set kunne erkendelses-frembringe synkrone deduktioner og induktioner, og diakrone deduktioner og induktioner via en græske inspireret seks-trins refleksiv rang-stige med hvilke du med nødvendig må stille dig disse fire spørgsmål dagligt:

1. Hvordan går det med din orexis, dvs. din appetit, bio-stamina og livs-drive?
2. Hvad er din ousia, dvs. din gåde, quest, det, du søger; værens sandhed?
3. Hvad er dit teoretiske appatur, dvs. dit hvordan (meta-hodos; metode), og din evne og færdighed; opholdet, det at blive mentalt koncentreret og kognitivt dvælende; dit refleksive refugium?
4. Hvad er din thaumazein, dvs. din seismiske åbning, den ontologiske rystelse, uroen, længslen, chokket, impulsen, bruddet, din værens ridse, fortvivlsen, eksistensens revne, tilværelsens krater?

Så har du mistet appetitten, er den intentionelle bue blevet slap, har du mistet troen på det væsentlige, betydningen, og er holdt op med at søge i eksistentiel forstand, og samtidig et bekymret sind, adspredt og behageligt døset (jf. Pink Floyd: "Comfortably numb"), så må du ikke give op, du skal insistere på glimtet og ikke ligegyldigheden, og styrke klarhed, pudse linsen, og ikke mindst bedrive ontologisk omhu.

Således vil du støt og roligt blive drevet af en eksistentiel livsstyrke med fokus på at finde svaret, og evne at være dér, blive i lysningen, være sand, og holde dig vågen og formidle budskabet ("prædike"; fremsige).

Herved er formlen, kendetegnene og vilkåret for tilvejebringelsen af det filosofiske menneske fundet:

Et eksistentielt drive (en sult og et begær) med fokus på den sande væren, en vilje til sandhed i dvælende uro, en ængstende tænksomhed i taksigelsens fremsigelse.

Det handler kort sagt om, at kunne dvæle i angsten, dvs. være tænkende i faldet...

Introspektionens filosofi: En brat opvågning og afslutning

Røvhullets livsfortælling og identitet, hele røvhullets fænomenologi, ontologi og ikke mindst epistemologi, men også røvhullets etik, politik og æstetik.

Her kunne man sikkert og snildt finde på nogle spænd-ende social-psykologiske øvelser,og 'på en måde' dyrke alle mulige væremåder, forholdemåder og fremgangsmåder, etc. (opholdets metode).

Man kunne rydde et terræn eller et distrikt, for at "forstå værens mening indenfor tidens horisont", men man kunne også lade være; for hvad er det der i bund og grund betyder noget?

Intet andet end arbejdet i de eksistentielle affærer...